$L\overset{27}{n}$ 1834 5.

QUESTION

D'ÉTAT.

(1790)

MÉMOIRE

A CONSULTER

ET CONSULTATION

POUR Philippe-Auguste de SAINTE-FOI, généralement & universellement connu depuis soixante ans sous le nom de Chevalier ou Comte d'Arcq, demandeur en reconnoissance de son état de Fils Naturel de Louis-Alexandre de Bourbon, Comte de Toulouse;

CONTRE Louis-Jean-Marie de BOURBON de PENTHIEVRE, Fils Légitime & Héritier de Louis-Alexandre de Bourbon, Comte de Toulouse.

Après une possession paisible de soixante ans d'un état que je tenois de la nature & de la loi,

A

devais-je m'attendre qu'il me feroit enlevé? De-
vois-je croire qu'au moment où le petit-Fils de
Louis XIV fe montreroit par un noble courage
digne du fang précieux qui coule dans-fes vei-
nes, en réclamant tous les droits attachés à fon
origine, l'affreux defpotifme commenceroit à
s'appefantir fur fa tête?

Le fort des Princes & des Rois eft d'être
trompés; ils ne voyent les objets qu'à travers
le prifme de la flatterie de leurs courtifans. C'eft
par ce moyen qu'on eft parvenu à perfuader à
un Prince augufte qu'il pouvoit raifonnablement
contefter mon état, & me refufer le traitement
qui en eft la fuite, malgré mes titres & ma
poffeffion.

L'un des premiers principes de la monarchie,
eft que le Roi lui-même & par conféquent les
Princes, font foumis aux lois du Royaume.
Néanmoins telle a été l'influence du Prince contre
lequel je fuis obligé de lutter depuis-long-temps,
ce que j'ai toujours fait avec le ménagement &
le refpect dûs à fon rang & à fes vertus, que
dans mon Procès la juftice a été fans force &
fes lois fans autorité.

A peine fut-il jugé que ma feule préfence à
Paris & à la Cour devint un reproche contre
l'injuftice commife à mon égard. Le dernier
acte du defpotifme miniftériel fut de m'exiler à

Montauban, où je fuis encore, privé même de l'abfolu néceffaire.

Privé des droits de la nature & de la loi, mon fort doit intéreffer toutes les ames fenfibles ; je prie mes confeils de m'éclairer fur la route que je dois prendre pour obtenir celui qui m'eft dû dans un temps où je n'ai pas à craindre les effets du defpotifme qui n'eft plus : voici les faits.

F A I T.

Louis XIV, outre fes enfans légitimes, a eu entr'autres enfans naturels, M. le Comte de Touloufe, M. le Duc du Maine, & S. A. R. Madame la Ducheffe d'Orléans.

M. le Comte de Touloufe, né fenfible, a eu auffi deux enfans naturels avant fon mariage : ce qui a été fait lors & depuis leur naiffance ne permet pas de douter qu'il étoit le père de ces deux enfans.

L'aîné fut baptifé fur la Paroiffe Saint Roch en 1720. M. le Comte de Touloufe lui donna les noms de baptême de Louis-Alexandre qu'il avoit reçu du Roi fon père : il fut baptifé comme fils naturel de Louis-Alexandre de Sainte-Foi, Officier de Marine, & de Magdelaine Aumont fa mère ; fon parrain fut le fieur Desjardins,

Valet de-chambre de M. le Comte de Touloufe.

Je naquis une année après, & je fus baptifé fur la Paroiffe Saint-Euftache le 12 Juillet
1721. On me donna les noms de baptême de
M. le Duc du Maine. Je fus nommé Philippe-
Augufte, fils de Louis-Alexandre de Sainte-Foi,
Officier de Marine, & de Magdelaine Aumont :
mon acte de baptême ne dit point fi j'étois naturel ou légitime. Mon parrain fut le même Desjardins qui l'avoit été de mon frère aîné, & je
fus préfenté comme lui par Jeanne Ducros.

Que de traits de lumière à travers le voile dont
les Auteurs de mes jours fe font enveloppés dans
ces deux actes de baptême ! ou pour mieux dire,
ne voit-on pas qu'en fe cachant, mon père a
tout fait pour être reconnu? Il eft parfaitement
défigné dans les noms de celui qui eft déclaré
père dans ces actes, où il n'y a de fuppofé que
le mot de Sainte-Foi à la place de Bourbon ;
fon nom s'y trouve d'ailleurs, & le titre d'Officier de Marine (1) lui appartenoit, étant grand
Amiral de France. Mon frère aîné reçut les noms
de baptême, de M. le Comte de Touloufe ;

_____

(1) Après une recherche exacte dans les regiftres
de la Marine, on n'a trouvé aucun Officier de ce
nom.

ceux du Duc du Maine me furent donnés. Le
fieur Desjardins fut parrain de l'un & de l'autre;
& enfin la femme Ducros nous préfenta. Le
fieur Desjardins & la femme Ducros. font les
deux chaînons qui lient notre poffeffion à nos
actes de baptême.

.: Le nom de la mère eft entièrement fuppofé
dans ces deux actes; il ne feroit néanmoins pas
difficile de la défigner fi ma défenfe pouvoit
l'exiger. Mais il fuffit de favoir que ma mère étoit
libre à l'époque & même avant ma naiffance,
comme M. le Comte de Touloufe, qui n'étoit
pas encore marié : je puis même ajoûter qu'à
cette époque elle avoit conçu l'efpoir de deve-
nir fon époufe, efpoir dont elle fut déçue à la
vérité ; ce qui fit que je reftai dans la claffe
des bâtards nés, *ex foluto & foluta*, c'eft-à-dire
dans la claffe de ceux qui après les enfans légitimes ont des droits certains fur les Biens de
leur père, & qui font plus favorables dans leurs
réclamations.

.: Loin de nous méconnoître pour fes enfans,
M. le Comte de Touloufe eut pour nous les
bontés & les follicitudes d'un père tendre ; il
chargea le fieur Desjardins fon ancien Valet-
de-chambre, qui avoit toute fa confiance pour
les affaires fecrètes, de nous mettre en nourri:e
ou en fevrage, dont il lui donna ordre de nous

retirer enfuite par une lettre écrite de la main du Prince , & conçue en ces termes : « Les
» deux enfans étant en état d'être retirés de
» chez la Dame Ducros , vous irez chez elle pour
» les tranfporter chez vous, en avoir foin, & faire
» à leur égard tout ce que je vous ai ordonné.
» *Signé* LOUIS - ALEXANDRE DE BOURBON.

A l'époque de la naiffance de mon frère aîné, M. le Comte de Touloufe fit acheter la terre d'Arcq ; il la lui deftinoit en propriété , mais cet enfant mourut quatre années après. La terre entra dans le Domaine du Prince ; elle eft encore dans la maifon de Penthièvre, & fait partie du Duché de Château-Vilain.

En conféquence de la lettre dont je viens de parler , & des ordres particuliers du Prince, le fieur Desjardins avoit loué une maifon , ayant vue fur le Palais-Royal , & fituée dans la rue neuve des Bons Enfans , prefque vis-à-vis la petite porte de l'Hôtel de Touloufe ; il l'avoit faite meubler fimplement , mais décemment ; il avoit pris un caroffe , des chevaux , des Domeftiques portant la petite livrée du Prince ; il avoit eu une Cuifinière , une Gouvernante d'enfans & une Sous-Gouvernante.

C'eft dans cette maifon que le fieur Desjardins nous avoit tranfportés de chez la femme Ducros. Après la mort de mon frère aîné je continuai d'y être élevé fans que la dépenfe fût diminuée : on me donna au contraire des Maîtres de toute efpèce, à mefure que mon âge le permettoit ; ma dépenfe fe portoit annuellement à plus de 15,000, d'après les regiftres des dépenfès fecrètes du Prince, tenus par le fieur Desjardins, dont toutes les pages étoient paraphées par M. le Comte de Touloufe. Ces regiftres ont été remis au procès. (1) On y voit entr'autres que la dépenfe de l'année 1730 fe monta 22,611 liv.

A l'âge de fept ans j'eus une maladie férieufe; pendant ma convalefcence, le Médecin ordonna l'air de la campagne. On me fortit des mains des femmes; on loüa une maifon à Chaillot, près Paris, avec un jardin vafte ; on m'y donna un Gouverneur & un Valet-de-Chambre.

Je paffai deux ans dans cette maifon, où ma fanté fe rétablit parfaitement ; de là, on jugea à propos de me mettre au Collége de Juilly, à fept lieues de Paris, où je fus envoyé avec mon Gouverneur & mon Valet-de-Chambre.

-----

(1) Ces regiftres furent trouvés chez le fieur Desjardins, après fa mort, avec les deux actes de baptême, la lettre de M. le Comte de Touloufe, & le verbal d'ouverture du cadavre de mon frère aîné.

Il étoit contre l'ufage de ce Collége de recevoir des Gouverneurs ; l'ordre de la Maifon exigeoit que ce fût des Préfets, & à peine on y fouffroit un Domeftique ; mais on l'exigea, & les Pères de l'Oratoire, qui tenoient cette Maifon, furent obligés d'y foufcrire.

J'y fis mes claffes avec tous les autres enfans ; mon Gouverneur ou mon Valet - de - Chambre m'attendoit à la porte pour me ramener dans mon appartement, dès que la claffe étoit finie, & je n'avois aucune communication avec les enfans, fi ce n'eft avec le Prince de Salme & le Comte de Sommieres, qui, comme moi, étoient en chambre particulière ; je venois paffer les vacances à Paris.

Dès la feconde année on me donna un cheval pour me promener ; ce cheval, dreffé par le fieur Girval, fameux Écuyer de M. le Comte de Touloufe, l'étoit de manière, que non-feulement il n'y avoit aucun rifque, mais qu'il m'apprenoit lui - même les premières règles de l'équitation par fes mouvemens ; c'étoient mes délaffemens & ma récompenfe.

Les études finies, je revins chez le fieur Desjardins, où rien ne fut épargné pour mon éducation ; elle a toujours été conforme à ma naiffance, & annonçoit la deftinée que mon père me préparoit. J'allois notamment quatre
fois

fois la femaine à l'Académie du fieur Dugard, où je montois avec tout ce qu'il y avoit de plus grand dans le Royaume, les Princes de Marfan, de Monaco, &c.

J'avois quatorze ans; le fang de Louis XIV ne pouvoit avoir d'autre ambition que celle de fervir fa Patrie & fon Roi. La paffion des armes, qui s'étoit développée en moi de très-bonne heure, me fit témoigner la plus vive ardeur pour l'état militaire. On ne pouvoit alors obtenir aucun emploi qu'après avoir fervi dans les Moufquetaires : le fieur Desjardins fit part au Prince de mes défirs; M. le Comte de Touloufe loua mes intentions; il prit confeil de Madame la Comteffe fon époufe, qui parut défirer que j'entraffe dans la Marine. Le fieur Desjardins m'aimoit beaucoup & craignoit de me perdre; il détermina fon Maître à refifter au vœu de fon époufe pour fuivre fon premier penchant, qui avoit été de me faire entrer dans la première Compagnie des Moufquetaires.

M. le Comte de Touloufe s'adreffa au feu Roi, & lui fit part des motifs qui l'intéreffoient pour moi. Le Roi acceuillit cette demande avec un fi vif intérêt, qu'il en parla lui-même à M. le Comte d'Avejan, Commandant de la Compagnie; j'y fus reçu avec diftinction. Le fimple nom d'Augufte que j'avois porté depuis ma naif-

B.

fance ne pouvoit plus me convenir dans une Compagnie compofée de la plus haute Nobleffe; le Prince me donna celui de Chevalier d'Arcq, nom d'une terre très-confidérable, enclavée dans fon Duché de Château - Vilain, qu'il deftinoit autrefois, comme je l'ai déjà dit, à mon frère aîné; je fus infcrit fous ce nom dans le regiftre de la Compagnie des Moufquetaires.

Mon origine ne fut déformais ignorée de perfonne; elle fut encore un fecret pour moi feul. Le fieur Desjardins, fidèle au ferment que lui avoit fait faire M. le Comte de Touloufe, empêchoit foigneufement de laiffer approcher de moi tout ce qui pourroit me l'a reveler. Il m'a déclaré depuis, que ce Prince, en lui faifant faire ce ferment, lui avoit ajouté : *Il voudroit être fans ceffe avec moi ; vous favez les raifons qui m'en empêchent, & la manière de penfer de Madame la Comteffe de Touloufe ; je ne veux pas que cet enfant en éprouve du chagrin.*

Je fus envoyé à Verfailles à mon tour pour prendre l'ordre du Roi felon l'ufage. Y étant arrivé la veille, je me fis annoncer chez M. le Comte de Touloufe, fous le nom de Chevalier d'Arcq, pour lui remettre une lettre de Desjardins & une boîte. Lorfque ce Prince qui avoit défiré de me voir me tendit la main pour recevoir le tout, je me précipitai fur elle

en me jettant à fes genoux, par un mouvement
que je ne pouvois comprendre, & je la baignai
de larmes; ce Prince me releva en détournant
la tête; les fiennes couloient fur fes joues: je
le vis, malgré tout ce qu'il faifoit pour me les
cacher, & il fe retira, ou plutôt il fe fauva dans
une autre pièce; & comme j'étois refté immo-
bile, le Valet-de-Chambre qui m'avoit introduit
vint me dire que le Prince étoit renfermé, &
me chargea de fa part de dire à Desjardins
qu'il étoit très-content de ce qu'il lui avoit envoyé.

Le lendemain le fieur Bontems, premier Valet-
de-Chambre, m'ayant fait dire de me trouver
au lever du Roi, à neuf heures je me rendis
à l'œil-de-bœuf. Le Roi, qui avoit été prévenu
par M. le Comte Touloufe, fut inftruit de mon
arrivée: il daigna ouvrir la porte trois fois pour
me voir. Au moment de l'ordre, le Souverain
me fixa & me le donna d'une manière particulière; cette diftinction flatteufe que je reçus fous
mon nom de Chevalier d'Arcq, fut remarquée,
& je devins, fans le favoir, le fujet des con-
verfations de la Cour pendant plufieurs jours.
Ces bontés d'un fi bon Maître fe gravèrent fi
profondement dans mon cœur, que je n'en per-
drai jamais le fouvenir.

De retour à Paris, je rendis compte à Desjardins de ce qui s'étoit paſſé chez M. le Comte de Touloufe & chez le Roi ; je vis ſes yeux ſe remplir d'eau ; il m'embraſſa tendrement & me parla d'autre choſe.

J'étois encore dans les Mouſquetaires, & je n'avois point de notion poſitive ſur l'Auteur de mes jours, lorſqu'un événement malheureux acheva de diſſiper le nuage qui couvroit mon origine. M. le Comte de Touloufe fut atteint, à Rambouillet, d'une maladie qui obligea le ſieur Desjardins de ſe rendre auprès de ſon Maître. Au moment où j'appris que le Prince touchoit à ſa dernière heure, la nature m'arracha un cri qu'il me fut auſſi impoſſible de contenir que d'en concevoir le vrai motif. Je fis venir de-ſuite des chevaux de poſte ; je prends la route de Rambouillet, où j'arrive accablé de fatigue & de douleur. Je demande des nouvelles de M. le Comte de Touloufe & de Desjardins ; un Con-trôleur de la Bouche, nommé Saint-Quentin, ami de Desjardins, pénétré de l'état où il voit le fils de ſon Maître, donne ordre de me mettre dans un lit, vole auſſitôt à l'appartement du Prince & parle à Desjardins. M. le Comte de Touloufe s'en apperçoit, demande ce que c'eſt ; on eſt forcé de le lui dire ; le Prince s'atten-drit & dit : *Je veux le voir.* Dans ces derniers inſtans, la nature & les affections agiſſent avec empire ; le Prince demande une feconde fois, avec plus de vivacité, à voir fon fils, & on lui dit la raifon qui m'empêchoit de me préfenter. Le feu Maréchal de Noailles entre dans ce moment, apprend ce qui fe paffe, approuve le défir paternel ; mais dans la crainte de déplaire à la Princeffe fa fœur, il exige qu'elle foit confultée. A peine lui en a-t-on rendu compte, que par des motifs qu'il n'eft pas difficile de pénétrer, elle s'oppofe à cette entrevue, & je fus obligé de m'en retourner.

Peu de temps après M. le Comte de Touloufe fut enlevé à là Princeffe, à fes enfans & à la France. Le fieur Desjardins revint defuite à Paris ; en arrivant il me prit dans fes bras, & fes fanglots entrecoupés me laifsèrent entendre ces paroles : *Vous venez de perdre votre Père : il avoit exigé mon ferment de ne vous le révéler qu'à fa mort.* Je ne lui répondis d'abord que par des pleurs qui fe confondirent avec les fiens, & le priai enfuite de vouloir bien m'en fervir encore comme il avoit fait jufqu'alors.

Une ame noble, ferme, généreufe & fenfible, avoit élevé le fieur Desjardins fort audeffus de fon état, & lui avoit mérité une eftime générale à la Cour. Loin de m'abandonner, il redoubla fes foins à mon égard ; il me fit part d'abord des dernières difpofitions

du Prince en ma faveur : fon teftament eft du
11 Mai 1735, & porte :

« Je donne & lègue à Philippe-Augufte-de
» Sainte-Foi, né le 12 Juillet 1721, & bap-
» tifé le même jour en la Paroiffe Saint Euf-
» tache, une penfion annuelle & alimentaire
» de la fomme de douze mille livres à prendre
» fur mes rentes de l'Hôtel-de-Ville de Paris,
» & je veux que ladite penfion foit remife an-
» nuellement entre les mains de M. le Reboul-
» let mon Tréforier, pour être par lui em-
» ployée à l'entretien & éducation dudit Phi-
» lippe-Augufte de Sainte-Foi, fans qu'il foit
» obligé d'en rendre aucun compte, voulant
» qu'on s'en rapporte à lui de l'emploi de ladite
» penfion ; & attendu le bas âge dudit Philippe-
» Augufte de Sainte-Foi, je veux pareillement
» qu'on s'en rapporte audit fieur le Reboullet,
» pour l'indiquer & le faire reconnoître vérita-
» ble légataire de ladite penfion, chargeant M.
» le Reboullet de faire ordonner la délivrance
» du préfent legs. J'ordonne auffi que ladite
» penfion foit payée entre les mains dudit Phi-
» lippe-Augufte de Sainte-Foi, lorfqu'il fera en
» âge, & que fes quittances pourront être va-
» lables. »

On reconnoît à cette difpofition la main d'un
père qui a voulu remplir un devoir de première

néceffité envers fon fils naturel ; le teftament eft lui-même la preuve que j'étois en bas âge à l'époque où il fut fait ; le Prince n'avoit pas cru devoir effectuer des intentions plus étendues à mon égard ; il n'avoit pu me qualifier de Chevalier d'Arcq, puifque n'étant pas encore entré dans les Moufquetaires, je ne portois alors que le fimple nom d'Augufte.

Car depuis mon entrée dans les Moufquetaires, fous le nom de Chevalier d'Arcq, l'intention du Prince étoit de me donner, par un codicille, la terre de ce nom, faifant partie diftincte de fon Duché de Château-Vilain. Madame la Comteffe de Touloufe mit tout en œuvre pour l'empêcher, & y réuffit pendant la maladie dont il mourut. Le Prince demanda vainement que ce teftament lui fut repréfenté ; cette demande fut toujours refufée & remife fous le prétexte du rétabliffement de fa fanté, & il décéda fans avoir rempli fon intention à cet égard, qu'il avoit confiée à plufieurs perfonnes de fa maifon, & entr'autres à Desjardins.

S. A. R. Madame la Ducheffe d'Orléans, veuve du Régent, Princeffe fi augufte par fes éminentes vertus, connue avant fon mariage fous le nom de Mlle. de Blois, étoit fœur de M. le Comte de Touloufe, du même père & de la même mère, & par conféquent fille lé-

gitimée de Louis XIV. Le fieur Desjardins fut
chargé par fon maître mourant de lui rappeler
qu'il avoit un fils naturel, car le Prince lui en
avoit déjà lui-même fait part depuis long-temps ;
c'étoit affez en dire à une fœur auffi vertueufe
que tendre. Desjardins fut chargé de m'emmener fur le champ, & Madame la Marquife de
Clermond-Gallerande me préfenta à elle fous le
nom de Chevalier d'Arcq, devant toutes les
Dames de compagnie & les Officiers de fa
Maifon.

Cette Princeffe ne pouvant retenir fes larmes,
m'ordonna de la fuivre dans une autre pièce,
avec Desjardins : je me jettai à fes pieds ; elle
me releva, m'embraffa, & me couvrit de fes
pleurs, auxquels les miens fe joignirent. Elle
me recommanda à Desjardins, en le chargeant
de m'emmener fouvent, & d'avoir le plus grand
foin que rien ne me manquât felon mon état.
Je ne cefferai de publier les marques de bontés
que j'ai reçues de cette augufte Princeffe, avec
cette joie qu'infpire la plus vive reconnoif-
fance.

Dès ce moment, Madame la Ducheffe d'Orléans s'intéreffa beaucoup à mon avancement ;
elle auroit défiré que je me confacraffe à l'état
eccléfiaftique, où il lui auroit été facile de me
procurer le fort le plus brillant. M. le Duc
d'Orléans

d'Orléans fon fils, premier Prince du fang, ayeul du Prince de ce nom aujourd'hui, & chef du Confeil du Roi, le défiroit avec ardeur; mais ma paffion invincible pour l'état militaire me fit réfifter à toutes propofitions à cet égard.

Madame la Ducheffe d'Orléans fit priër Madame la Comteffe de Touloufe de paffer chez elle, pour conférer de ce qui me regardoit; elle en fut peu fatisfaite. Madame la Ducheffe d'Orléans vouloit demander un Régiment pour moi; Madame la Comteffe de Touloufe s'obftina à réduire cette demande à celle d'une Compagnie de Cavalerie; & fous le prétexte de fa douleur, qui ne lui permettoit aucune démarche, elle en laiffa le foin à Madame la Ducheffe d'Orléans, fe contentant de dire qu'elle ne s'y oppoferoit pas.

La Compagnie de Cavalerie fut demandée: le Roi fut étonné d'une demande fi foible; il l'accorda en rayant de fa main le premier nom des Compagnies de Cavalerie, fur la lifte préfentée à Sa Majefté par le Miniftre, & mit de fa propre main le nom de Chevalier d'Arcq, à la place de celui que fon Miniftre lui propofoit. Ce fait eft aifé à juftifier dans le dépôt des Bureaux de la guerre.

La taxe de cette Compagnie étoit de 10000 livres: Madame la Ducheffe d'Orléans voulut en

C

payer 6000 livres de fes deniers, & Madame la Comteſſe de Touloufe confentit feulement à ce qu'on m'avançât les 4000 livres reſtantes fur les 12000 livres qui m'avoient été léguées par feu M. le Comte de Touloufe. Le fieur Desjardins rejeta la propoſition, & aima mieux les payer de fes deniers. Le Brevet de cette Compagnie me fut expédié fous le nom de Chevalier d'Arcq.

Bientôt après je fus remercier le Roi; je me fis préſenter fous ce nom, ainſi qu'à la Reine, aux Princes, Princeſſes, & à la Famille royale, & en même-temps à tout ce qui compoſoit la Cour. J'y reçus par-tout, & principalement chez les Princes, Princeſſes & la Famille royale, des marques de diſtinction particulière. Le Roi lui-même me regardoit & me parloit avec bonté : il n'en falloit pas davantage pour m'attirer beaucoup de conſidération.

J'étois obligé d'aller joindre mon Régiment, qui étoit en Bretagne; mais avant mon départ, M. le Maréchal de Noailles, frère de Madame la Comteſſe de Touloufe, & qui étoit bien loin d'approuver la conduite dure de fa fœur à mon égard, défira que j'allaſſe paſſer quelques jours avec lui à Saint-Germain. Je m'y rendis. M. le Maréchal me préſenta à fa famille; on m'y retint plus de quinze jours, qui furent tous mar-

qués par les bontés que je reçus de cette illuftre
famille; car outre Madame la Maréchale fa mère,
M. le Maréchal avoit auprès de lui , M. le Maréchal de Noailles d'aujourd'hui , alors Duc
d'Ayen , M. le Maréchal de Mouchy, alors
Comte de Noailles , & Mademoifelle de Noailles , depuis Comteffe de la Mare.

Je partis de Saint-Germain ; & après avoir
paffé quelques jours au Pont-Saint-Pierre; chez
le Marquis de ce nom ; mon Colonel , j'arrivai
à Rennes en Bretagne ; pour aller de là joindre
mon Régiment. Feu M. le Comte de Touloufe
étoit Gouverneur de la Bretagne : fa mémoire
étoit fi chère à Rennes & dans toute la Province , que malgré ma jeuneffe j'y reçus tout
l'acceuil & les honneurs poffibles , fans pouvoir
m'en défendre ; & je fus obligé d'y féjourner
beaucoup plus que je ne l'avois projetté. J'allai
enfin me faire recevoir au Régiment , d'où je
fus encore obligé de partir pour aller à Breft,
où j'étois invité par tout le Corps de la Marine. J'y fus reçu avec les diftinctions les plus
honorables ; toujours fous le nom de Chevalier
d'Arcq : tous ces faits atteftent de plus en plus
mon origine & ma poffeffion ; car je n'étois
rien dans la Marine , & feu M. le Comte de
Touloufe étoit Grand Amiral de France.

A peine revenu à mon Régiment , je reçus

un congé de la Cour. Desjardins m'écrivit en
même-temps que Madame la Ducheſſe d'Orléans
déſiroit de me voir. Je partis ſur le champ avec
la ſatisfaction d'avoir été aſſez heureux pour plaire
à mon Corps. Mon premier ſoin fut de voler
aux pieds de mon auguſte bienfaitrice, pour lui
rendre mes actions de grâces. Elle voulut bien
me marquer ſa ſatisfaction de ma conduite, &
m'aſſura de nouveau de ſa protection.

Cette digne Princeſſe s'étoit en effet occu-
pée, pendant mon abſence, du ſoin de me faire
recevoir dans l'Ordre de Malte : les ſtatuts de
cet Ordre excluent formellement les bâtards.
Elle avoit eu pluſieurs conférences particulières
avec le Bailli de Meſmes, pour lors Ambaſſa-
deur de la Religion à la Cour de France, pour
trouver moyen de lever cette difficulté. Elle s'ar-
rêta à celui d'engager M. le Duc d'Orléans ſon
fils, d'écrire au Grand Maître, pour lui obſerver
que le fils d'un Prince, qui, en ſa qualité de
Grand Amiral, avoit rendu tant de ſervices à
l'Ordre, devoit être excepté de la règle générale, lorſque lui-même, premier Prince du ſang,
le demandoit avec inſtance, & qu'il exprimoit
en outre le vif déſir qu'en avoit Madame la Ducheſſe d'Orléans, ſon auguſte mère, dont il
étoit l'organe.

Si Madame la Comteſſe de Toulouſe avoit

témoigné le même empreſſement pour cette négociation, elle auroit été infailliblement ſuivie
d'un prompt ſuccès. Mais le Grand Maître, qui
fut inſtruit en ſecret de ſes véritables intentions, prit le parti qu'une adroite politique lui
dicta. Il répondit que la règle des ſtatuts étoit
telle, qu'il falloit une lettre du Roi lui-même,
afin que le Conſeil de l'Ordre l'autoriſât à y
déroger dans cette occaſion. C'étoit ne rien ac-
corder de lui-même, ſans choquer ouvertement
le vœu du premier Prince du ſang.

Il eût été ſans doute aiſé à M. le Duc d'Orléans d'obtenir la lettre du Roi; mais il ne le
pouvoit ſans la participation de M. le Cardinal
de Fleury, alors premier Miniſtre, dont ce
Prince croyoit avoir à ſe plaindre, & il aima
mieux renoncer aux ſuccès de cette affaire.

Ce n'a été que trente ans après, & lorſque
j'avois entièrement perdu de vue ma réception
à l'Ordre de Malte, que cette négociation eut
pour moi un ſuccès inattendu. Je trouvai l'occaſion de donner à cet Ordre des preuves de
mon zèle & de mon attachement dans une affaire
qui l'intéreſſoit. M. le Bailli de Saint-Sulpice,
député extraordinaire pour ſuivre cette affaire,
me demanda de quelle manière l'Ordre pourroit
reconnoître mes bons offices, & me montra les
pouvoirs les plus étendus qui lui avoient été don-

nés à cet égard. Sur fes inftances réitérées, je lui fis part de ce qui s'étoit paffé il y avoit environ trente ans.

Six femaines après le Bailly de Saint-Sulpice vint me propofer d'aller avec lui chez M. le Bailli de Fleury, pour lors Ambaffadeur de Malthe à la Cour de France. Son Excellence m'apprit que le Grand Maître Pinto fur les renfeignemens que j'avois donnés au Bailly de Saint-Sulpice, avoit fait rechercher dans les archives de l'Ordre de Malthe, la lettre écrite jadis par Monfeigneur le Duc d'Orléans au Grand Maître d'alors, dont la décifion ne pouvoit être changée ; mais qu'avec cette même lettre du Roi qu'il avoit paru exiger, je ferois admis dans l'Ordre fans difficulté. Il me remit en même-temps une lettre du Grand Maître, qui m'affuroit de fes difpofitions les plus favorables à mon égard.

L'Ambaffadeur & le Bailly de Saint-Sulpice avoient déjà vu le Miniftre, qui leur avoit promis la lettre du Roi ; & c'étoit pour m'en faire part, ainfi que pour m'engager à écrire au Grand Maître, que l'Ambaffadeur de Malte avoit engagé le Bailly de Saint-Sulpice à me conduire chez lui. J'écrivis au Grand Maître : la lettre du Roi avoit dévancé la mienne ; le Grand Maître me répondit qu'il avoit fait expédier mon Bref à la Cour de Rome, felon l'ufage. Dans ces entrefaites,

Pinto mourut, Ximenés lui fuccéda ; & ce fut par lui que je reçus le Bref, avec la lettre la plus obligeante.

Le Bref porte : « Philippe-Augufte de Sainte-
» Foi, Chevalier d'Arcq, fils naturel du Séré-
» niffime Prince Louis-Alexandre de Bourbon,
» Comte de Touloufe, eft admis dans l'Ordre
» comme Chevalier de Juftice, avec difpenfe
» de faire aucune preuve, vu fa qualité de Fils
» Naturel ; à lui permis de faire fes vœux entre
» les mains de qui bon lui femblera, &c. dé-
» rogeant à cet égard, & pour cette fois feu-
» lement, à tout ce que les ftatuts de l'Ordre
» pourroient prononcer de contraire. »

J'obferve en paffant que la fin de cette négociation, que j'ai cru devoir rapporter defuite,
n'a eu lieu que vingt ans après la mort de Madame la Duchefse d'Orléans & de M. le Duc
d'Orléans fon fils. De manière qu'il eft bien
évident que lors de l'obtention de ce Bref, la
Cour & le Roi fur-tout me reconnurent comme
Fils Naturel de M. le Comte de Touloufe, &
ce qui eft bien remarquable dans un temps où
j'étois privé des deux puiffans appuis, Madame
la Duchefse d'Orléans & M. le Duc d'Orléans
fon fils. Eft-il vraifemblable que ce Bref eût été
obtenu, & que le Roi lui-même y eût confenti
fans la participation de M. de Penthièvre & de

fa Maifon ? Pour l'ordre des faits je reviens au moment où la négociation fut interrompue.

Le peu de fuccès qu'eut d'abord Madame la Ducheffe D'orléans pour mon admiffion dans l'ordre de Malte, ne ralentit pas fes bontés en ma faveur ; elle fit tous fes efforts pour me faire obtenir un Régiment, & les bonnes grâces de Madame la Comteffe de Touloufe, à qui elle parloit tous les jours de moi.

La guerre fe déclara ; je fus obligé de partir. On forma un Camp à Dunkerque, commandé par M. le Bailly de Givry. M. le Duc de Penthièvre s'y rendit pour faire fa première Campagne. N'ayant pas encore été admis à lui faire ma cour, je crus devoir confulter M. le Maréchal de Noailles, fur la manière dont je devois me conduire au paffage de ce Prince à Calais, où étoit mon Regiment. La réponfe que je reçus de M. le Maréchal, adreffée au Chevalier d'Arq, eft conçue en ces termes :

» Je ne puis, Monfieur, que vous louer'in-
» finiment de l'attention que vous avez de me
» confulter fur la conduite que vous devez te-
» nir, à l'occafion du voyage de M. le Duc de
» Penthièvre à Calais, & j'y réponds avec la
» franchife que votre confiance mérite. Je vous
» confeille donc de vous préfenter fimplement
» avec les autres Offitiers de votre Régiment,
» à

» à S. A. S. fans aucune diſtinction, & de ma-
» nière que les perſonnes qui ſont auprès de
» ce Prince s'apperçoivent de votre *modeſtie &*
» *de votre diſcrétion* : c'eſt le plus ſûr moyen de
» *faire votre cour à Madame la Comteſſe de*
» *Toulouſe*, & de vous aſſurer dans la ſuite
» la protection de M. le Duc de Penthièvre,
» *qui eſt trop jeune, pour pouvoir lui faire*
» *aucune confidence.* Nous verrons dans la ſuite
» tout ce qu'il conviendra de faire, & vous devez
» être bien perſuadé que l'intérêt véritable que
« je prends à ce qui vous regarde, me fera tou-
» jours contribuer avec plaiſir à toutes les ſatis-
» factions que vous pouvez attendre. Je vous
» prie d'en être bien aſſuré, de même que des
» ſentimens d'eſtime, de conſidération & d'a-
» mitié véritable, que j'ai, mon cher Chevalier,
» très-parfaitement & très-véritablement pour
» vous. *Signé* LE MARÉCHAL DE NOAILLES. »

Je crus devoir me conformer aux avis de
M. le Maréchal ; ils étoient des ordres pour
moi. Je vis M. le Duc de Penthièvre comme
les autres Officiers de mon Corps. J'écrivis enſuite à Madame la Comteſſe de Toulouſe, pour
lui donner des nouvelles de ſon fils, & la priai
de me continuer ſes bontés pour me faire obtenir
un Régiment. Madame la Comteſſe de Toulouſe
me répondit obligeamment, en m'aſſurant de

D

ſa protection ; ſa lettre me fut adreſſée ſous le nom de Chevalier d'Arcq.

L'année d'après je fis la campagne de Dettingue , pendant laquelle j'eus occaſion d'être préſenté à divers Princes d'Allemagne , ſous le nom de Chevalier d'Arcq, & comme fils naturel de M. le Comte de Touloufe.

Le ſieur Desjardins mourut quelque temps après ; cet événement , outre la douleur qu'il m'occaſionna, me jeta dans un embarras extrême. Un mariage conſidérable que Madame la Du‑ cheſſe d'Orléans avoit projeté pour moi , venoit d'être rompu par les oppoſitions qu'elle avoit trouvé à l'obtention d'un Régiment , qui néan‑ moins lui avoit été promis : livré à moi-même, mes revenus ne ſuffiſoient pas aux dépenſes que j'étois obligé de faire , malgré les ſecours que Madame la Ducheſſe d'Orléans avoit la bonté de me faire paſſer : j'avois beſoin d'ailleurs de lettres d'émancipation pour les percevoir ; je ne pus les obtenir qu'avec les noms du père & de la mère en blanc ; je me hâtai de faire des proteſtations contre cette émancipation à l'Iſle en Flandres, où j'étois pour lors ; je les réiterai devant le grand Prévôt de l'Armée, en déclarant mes prétentions pour me faire con‑ noître ce que j'étois ; je proteſtai pour l'honneur de ma naiſſance , à laquelle je ne pouvois re‑

noncer sans ingratitude pour la mémoire de M. le Comte de Touloufe.

A la bataille de Fontenoy j'eus le bonheur de me diftinguer devant le Roi : pendant la Campagne j'obtins la Croix de Saint-Louis, quoique n'ayant que vingt-trois ans encore, & je fus du nombre de ceux que le Roi voulut recevoir lui-même. Je reçus la lettre d'ufage fous le nom de Chevalier d'Arcq, & je fus infcrit fous ce nom au Bureau de la Guerre.

Madame la Ducheffe d'Orléans défiroit que je quittaffe le fervice; je fis la démiffion de ma Compagnie ; mais bientôt après je revins auprès du Maréchal de Saxe, qui, croyant remarquer en moi des talens militaires qui fortoient de la claffe commune, me retint en qualité d'Aide-de Camp ; je me comportai de manière à mériter fes bontés. Après la bataille de Lawfelt, où Sa Majefté étoit en perfonne, M. le Maréchal de Saxe, fatisfait de mes fervices, fit au Roi l'éloge de mon ardeur & de mon zèle. A la fin de la Campagne je tombai malade ; M. le Maréchal de Saxe me renvoya à Paris pour rétablir ma fanté.

De retour dans la Capitale, Madame la Ducheffe d'Orléans voulut encore me faire quitter le fervice ; il fallut obéir. Cette Princeffe s'occupoit de me faire époufer une demoifelle

de qualité , lorfqu'elle fut attaquée de la maladie
dont elle eft mourut , & ce fecond mariage man-
qua. Je ne faurois affez exprimer la vive douleur
que me caufa cette perte ; fa mort fut pour moi
un coup de foudre. Je devois à fes rares vertus
& à fa vénération pour la mémoire de M. le
Comte de Touloufe une affection particulières ,
dont je ne ceffai de recevoir des marques , même
après fa mort , par un legs conçu en ces termes.

« Je donne & lègue , par ce préfent codi-
» cille , la fomme de foixante mille livres ,
» une fois payée au Chevalier d'Arcq , Comte
» de Sainte - Foi , à qui le Comte de Touloufe.
» mon frère a donné douze mille livres de
» penfion ».

Je quittai le fervice à la paix de 1748 , à
caufe du dérangement de ma fanté & de mes
affaires. Je me livrai à la littérature , que j'avois
toujours chérie ; le Roi me permit de lui dédier
un de mes ouvrages , intitulé l'*Hiftoire générale
des Guerres*. Sa Majefté voulut qu'on l'imprimât
à l'Imprimerie royale ; Elle en reçut le premier
volume avec bonté ; Elle eut même celle d'en
lire devant moi l'Épitre Dédicatoire , fignée le
Chevalier d'Arcq , & m'en témoigna fa fatis-
faction.

Pendant une maladie des plus férieufes , j'écrivis
au Roi pour lui peindre la fituation de mes

affaires ; ce Monarque en fut touché , & dit au Miniſtre qui lui préſenta ma lettre : *C'eſt le fils de mon ami ; je ne le laiſſerai jamais manquer , aſſurez-l'en de ma part ; qu'il ſoit tranquille. Voyez M. le Contrôleur - Général , & qu'on lui donne pour 6000 livres de borderaux des rentes viagères qui ne ſont pas encore remplies.* Ce bon me fut donné ſous le nom de Chevalier d'Arcq. Dès que je fus en état de ſortir de chez moi , mon premier ſoin fut d'aller remercier le Roi ; il me reçut avec bonté : je fis ma cour avec plus d'aſſiduité , mais je ne la faiſois qu'à lui , à la Reine , & à la Famille Royale , & le Roi parut m'en ſavoir gré.

Il ſe préſenta enſuite des occaſions où je fus aſſez heureux de donner , à mon ſi bon Maître , des preuves particulières de zèle , de fidélité & d'attachement pour ſa perſonne ; d'ailleurs j'avois eu le bonheur de me diſtinguer ſous les yeux de Sa Majeſté aux batailles de Fontenoy & Lawfelt. Le Roi ſe ſouvint que je m'étois retiré ſans récompenſe ; il me fit expédier un Brevet de penſion de 12,000 livres , motivé *pour mes ſervices diſtingués dans ſes Armées , pour mon attachement particulier à ſa perſonne , & pour des conſidérations particulières connues de Sa Majeſté.* Ce Brevet me fut expédié ſous le nom de Philippe-Auguſte de Sainte-Foi , Comte d'Arcq.

Lorſqu'on fit la Maiſon de M. le Comte de Provence, le Roi m'y donna la charge de premier Fauconnier; le Brevet m'en fut expédié, & je prêtai ſerment entre les mains du Prince, toujours ſous le même nom.

———

Tels ſont les faits qui atteſtent mon origine; j'oſe dire que la preuve en eſt plus que complète ; elle eſt fondée ſur mon acte de Baptême, joint à ma poſſeſſion qui eſt établie par écrit. Si l'Auteur de mes jours a jeté quelques nuages ſur le titre de ma naiſſance, il les a fait diſparoître par une reconnoiſſance poſtérieure. Les ſoins qu'il a fait prendre de ma perſonne pendant toute ſa vie, ſes armes, ſa livrée, qu'il m'a permis d'avoir, enfin le nom d'une de ſes terres qu'il m'a donné, nom que perſonne n'avoit imaginé de me conteſter, ni M. de Penthièvre lui-même, juſqu'au moment du jugement de mon procès : ma poſſeſſion paiſible & publique, juſqu'au jour de l'Arrêt, tout en un mot parle en ma faveur.

Si ma poſſeſſion a été accompagnée de quelque myſtère, ce n'a été qu'à l'égard de Madame la Comteſſe de Touloùſe & de M. de Penthièvre ſon fils, juſqu'à une certaine époque : mais ils ont été forcés l'un & l'autre de me

reconnoître pour chevalier d'Arcq , fans ofer
les premiers me contefter mon état ; & fi M.
le Comte de Touloufe n'a fait pour moi tout
ce qu'il auroit voulu , c'eft à Madame la Comteffe de Touloufe à qui je le dois , comme on
a dû le voir par les faits.

Depuis le mariage de M. le Comte de Touloufe avec Madame de Gondrin , veuve du
Marquis de ce nom, fœur de M. le Maréchal
de Noailles , qui arriva trois ans après ma naiffance , j'ai été conduit plufieurs fois au Palais
du Prince mon père , duquel j'ai toujours reçu
le plus grand acceuil ; la Princeffe elle-même
m'a comblé de careffes & de préfens. Depuis
que j'ai porté le nom de Chevalier d'Arcq , je
me fuis toujours préfenté chez le Prince avec
la livrée & les armes de Touloufe, qu'il m'a-
voit donné en naiffant , & par-tout je me fuis
annoncé avec les fignes diftinctifs de fils de
M. le Comte de Touloufe. Le Roi, la Famille
Royale , la Capitale & l'Europe m'ont toujours
reconnu comme tel ; ils ont tous été les témoins
de ma poffeffion de mon état.

M. le Comte de Touloufe eut un fils, M. de
Penthièvre ; tant que fa jeuneffe n'a pas permis
de lui confier mon état & ma naiffance, on
lui en a fait un fecret. Mais enfin , il eft de-
venu , comme les autres , témoin de ma poffef-

sion ; car après le mariage de ce Prince, Madame la Comtesse de Touloufe consentit enfin que je lui fusse présenté. Je le fus sous le nom de Chevalier d'Arcq : je puis même dire avoir reçu du Prince un acceuil plein de bonté. La distinction flatteuse dont il voulut m'honorer, sembloit me promettre un avenir heureux, & si cet espoir a pu s'évanouir, c'est parce qu'il craignit d'abord de déplaire à la Princesse sa mère, & qu'en dernier lieu, des conseils pernicieux sont parvenus à tromper sa religion à mon égard ; car je n'ai jamais douté des vertus solides de ce Prince, non plus que de ses sentimens pour moi. Au surplus, je me suis toujours présenté chez lui sous le nom de Chevalier d'Arcq, avec la livrée & armes de Touloufe ; & vingt lettres écrites & signées de sa main, m'ont été adressées sous le nom de Chevalier d'Arcq.

Après avoir épuisé tous les moyens respectueux de conciliation auprès de M. le Duc de Penthièvre, ce ne fut qu'avec un regret plein d'amertume, que je m'adressai aux Tribunaux pour obtenir une justice que j'aurois voulu devoir à lui-même : ce ne fut même qu'après avoir obtenu le consentement de ce Prince, que j'engagai contre lui une instance au Châtelet, d'où

elle

elle fut portée à la grand'Chambre , en vertu
des lettres de *committimus*.

Je mis fous les yeux du Parlement de Paris
tous les faits que je viens de rapporter ; ainfi
que toutes les pièces dont j'ai fait mention, &
qui en font la preuve. Ces pièces font encore
au procès. M. de Penthièvre fembla vouloir au
contraire négliger entièrement fa défenfe.

M. Lefevre d'Amecourt , Confeiller de
grand'Chambre , & Rapporteur des affaires de
la Cour , fut nommé Rapporteur de mon procès. Il me parla d'abord d'accommodement ; j'y
confentis & ralentis en conféquence mes pourfuites ; mais je m'apperçus bientôt que ce n'étoit
que pour gagner du temps , & je fus obligé de
les reprendre.

Mes confeils furent d'avis de demander que
M. de Penthièvre , fut interrogé fur faits & articles aux termes de l'Ordonnance de 1667. Je
libellai en conféquence plus de quarante faits ,
que M. le Procureur-général trouva pertinens
& admiffibles.

Il s'éleva une difficulté dont il feroit fuper-
flu de rendre compte , pour favoir fi M. de Penthièvre devoit venir prêter cet interrogatoire chez
le Rapporteur , ou fi ce dernier devoit aller chez
le Prince , pour le recevoir.

Il eft bon d'obferver que j'avois demandé que

E

mon acte de baptême fût réformé , & qu'on
fubftituât au nom de Sainte-Foi , Officier de
Marine , perfonnage qui n'a jamais exifté , celui
de Bourbon , Comte de Touloufe , Grand Amiral de France.

C'eft fur ce fondement que le Parlement , fans
prononcer directement , fur ma demande en interrogatoire fur faits & articles , rendit un arrêt
par lequel attendu qu'il s'agiffoit du nom du Roi ,
il fut ordonné que les Parties fe retireroient par-
devers le Seigneur Roi , quant à ce feulement.

Pour éviter les longueurs que devoit produire
cet arrêt, mes confeils furent d'avis de me défifter
de la demande à ce que le nom de Bourbon
fût inféré dans mon acte de baptême. Je fis des
actes à cet effet , & je la bornai à ce qu'on y
inférât le nom de Chevalier d'Arcq.

Mon procès étoit dans cet état & prêt à
recevoir jugement , la vérité étoit parfaitement
connue ; j'avois produit onze Mémoires imprimés auxquels M. de Penthièvre n'avoit prefque
pas répondu , lorfqu'il intervint un arrêt du
Confeil du Roi, de propre mouvement , qui évo-
qua la caufe au Confeil des Dépêches , avec
défenfes à toutes Cours d'en connoître.

Cet arrêt étoit un acte de defpotifme , puif-
qu'il enlevoit le procès aux Juges que la loi
m'avoit donnés , pour y fubftituer un Tribunal

à volonté. Mes confeils furent d'avis de continuer néanmoins mes, pourfuites, devant le Confeil des Dépêches, & d'y renouveler ma demande en interrogatoire fur faits & articles. La
difficulté qui s'étoit élevée au Parlement à ce
fujet, n'exiftant plus, elle fembloit devoir être
accueillie, néanmoins il intervint arrêt qui m'en
débouta; tant il eft vrai qu'on n'avoit choifi ce
Tribunal qu'afin de contrevenir plus aifément
aux lois du Royaume & de l'équité.

Rien de plus manifefte que la contravention
de cet arrêt à l'article premier du titre 10 de
l'ordonnance de 1667; cette contravention le
rendoit nul & caffable, & rien ne pouvoit la
légitimer : mes confeils furent d'avis que je dif-
continuaffe de me défendre pour n'y donner aucun acquiefcement, & d'attendre des circonftances plus heureufes pour le faire ren-
verfer.

Alors M. de Penthièvre, qui à peine s'étoit
défendu, mit au jour une demande à laquelle
il n'avoit pas fongé; il préfenta une nouvelle
requête dans laquelle il conclut à ce qu'il me
fût interdit de porter le nom d'Arcq, étant celui de l'une de fes terres, avec défenfe de porter les armes & la livrée de Touloufe.

Par cette requête, M. de Penthièvre recon-
noiffoit que j'étois en poffeffion de porter le nom

d'Arcq, les armes & la livrée de Toulouse. Pour étayer ces demandes, il auroit dû prouver que j'étois un usurpateur, & déterminer l'époque de mon usurpation. Ses conseils avoient bien senti que ces actes possessoires étoient presque seuls capables de justifier mes prétentions. Aussi dès qu'ils virent le Tribunal disposé en sa faveur, & que j'étois résolu à ne pas me défendre, ils se hâtèrent de faire en sorte qu'ils me fussent interdits ; mais ils auroient dû sentir en même-temps qu'ils ne pouvoient m'être enlevés pour l'avenir, sans les reconnoître pour le passé, jusqu'au moment de l'arrêt, & c'étoit précisément ce qui fondoit ma réclamation.

Je ne répondis pas à cette requête, & l'arrêt définitif fut rendu quinzaine après par forclusion : cet arrêt adjugea à ce Prince toutes ses demandes, avec injonction de m'y conformer.

Le despotisme qui avoit présidé à la marche & à la terminaison de mon procès, m'interdisoit alors tout espoir de recours contre les trois arrêts dons j'avois à me plaindre ; aussi mes conseils furent d'avis d'attendre des circonstances plus favorables.

Je n'avois demandé justice aux Tribunaux, que parce que ma réclamation étoit devenue pour moi un devoir & une nécessité ; sans cela, ma tendreffe, auffi vive que refpectueufe, pour M. de Penthièvre, m'en auroit toujours empêché. Poftérieurement je fis tous mes efforts, pour engager ce Prince à réparer en fecret l'injuftice qu'il avoit obtenue contre moi; mais il a toujours refifté aux fentimens dont fon ame eft pénétrée, en fe laiffant trop perfuader par fes confeils.

Au moment où j'avois conçu l'efpoir d'obtenir une paix folide avec M. de Penthièvre, & environ deux mois après le dernier arrêt, je vis tomber fur moi un de ces coups de foudre, dernière reffource du defpotifme, & que l'Affemblée nationale a heureufement profcrit, une lettre de cachet; cette lettre, furprife au meilleur des Rois, & à laquelle M. de Penthièvre n'avoit fans doute eu aucune part, contenoit un ordre d'exil à Tulle. Signé Louis. Et plus bas, le Baron de Breteüil.

J'écrivis de fuite au Miniftre que ma fanté ne me permettoit pas de m'éloigner de Paris; qu'ayant à peine de quoi fubfifter, j'étois hors d'état de faire un tel voyage; que l'air de Tulle étoit très-mauvais & que j'y périrois infailliblement; que ma préfence enfin étoit abfolument néceffaire pour terminer mes affaires relatives aux Créanciers, que les dépenfes de mon procès m'avoient occafionné.

Cette réponfe me procura une tranquillité de
près de deux mois , & je me croyois délivré
de ce genre affreux de perfécution, lorfque je
reçus une nouvelle lettre de cachet qui m'er-
voyoit à Montauban. Cette fois toute réponfe
de ma part fut inutile ; l'Exempt de Police ,
porteur de la lettre , m'intima en même-temps
que fon ordre étoit de me conduire , & qu'il
avoit des fonds pour les frais de voyage.

Les confeils de M. de Penthièvre craignoient
en effet que je parvinfe un jour à faire reparer
l'injuftice des trois Arrêts , & à éclairer ce
Prince lui-même. Ils voulurent , à quel prix que
ce fut , m'éloigner de la Capitale , afin que je
reftaffe ignoré. La première Lettre-de-cachet
n'ayant pû produire fon effet , ils déployèrent
contre moi tout l'appareil du defpotifme , en
me faifant conduire par un Exempt de Police,
comme un criminel ou un perturbateur du repos
public.

Arrivé à Montauban , mon conducteur n'avoit
ordre de communiquer ma lettre d'exil à perfonne. Vous êtes libre , me dit-il , vous pouvez
aller où bon vous femblera fans demander per-
miffion, pourvu que vous ne fortiez pas de la
Province , & que vous ne vous montriez pas trop
dans les grandes Villes. Voilà ce que le defpotifme appeloit liberté.

Avant & lors de mon départ, l'Exempt de Police & plusieurs autres personnes m'avoient assuré, au nom de M. de Penthièvre, que de suite après mon arrivée dans le lieu de mon exil, toutes mes dettes seroient payées, & que par ce moyen ma penfion alimentaire, que j'avois cédée à mes Créanciers dans laquelle je serois rétabli, pourvoiroit à ma subsistance : mais ces promeffes vraies ou fuppofées par les perfonnes qui me les tranfmettoient ont été oubliées à mefure que je me fuis éloigné de la Capitale, & toutes les Lettres que j'ai pu écrire directement ou indirectement à ce fujet, ont été inutiles.

J'ai paffé à Montauban des jours pleins d'inquiétude & de fouci, n'ayant pour fubfister que ma penfion du Roi, dont il m'est dû une année arréragée depuis quinze ans, & un autre fur le courant. Je n'ai plus de quoi vivre ; je fuis donc forcé de rompre le filence, pour demander juftice contre l'oppreffion & la tyrannie.

Dans un fiècle où le defpotifme eft éteint, & où tout eft foumis aux lois de la juftice & de la raifon, j'ai tout à efpérer d'un Tribunal quelconque, à plus forte raifon des Régénérateurs de ce vafte Empire, s'il eft vrai que je puiffe leur adreffer mes plaintes. En priant donc mes Confeils de m'éclairer fur la nature de mes moyens & comment je dois les faire valoir ; j'efpère qu'ils voudront examiner les queſtions ſuivantes :

1°. D'après les titres & les faits que je viens de rapporter pour établir ma filiation & la poſſeſſion de mon état, dois-je être reconnu & déclaré fils naturel de M. le Comte de Touloufe ?

2°. Puis-je en cette qualité prétendre à un traitement à titre d'alimens ou autrement proportionné au rang , à la fortune de M. le Comte de Toulouſe , & aux intentions qu'il a manifeſtées à mon égard , par l'éducation qu'il m'a donnée & la carrière dans laquelle il m'a lui-même placé ? La penſion de douze mille livres qu'il m'a léguée n'eſt-elle pas beaucoup trop modique & incapable de repréſenter ce traitement ?

3°. Outre l'injuſtice des trois Arrêts rendus contre moi , exiſte-t-il d'autre moyen de les faire renverſer ; le premier , rendu par un abus d'autorité , ne pouvant être confidéré que comme un acte de defpotifme , contraire aux lois du Royaume , qui ne permettoient pas d'enlever un procès aux Juges que la loi avoit donné aux Parties ; le fecond , renfermant une contravention formelle à l'Ordonnance de 1667 ; qui m'accordoit la faculté de faire répondre M. de Penthièvre fur faits & articles , faculté qui m'a été

été enlevée par cet Arrêt ; le troisième enfin, étant la suite des deux premiers & d'une injustice des plus évidentes. Puis-je faire valoir ces moyens comme moyens de caffation, & cette voie me feroit-elle interdite aujourd'hui à caufe du temps qui s'eft écoulé depuis leur fignification? J'obferve là deffus qu'il me paroît que le délai n'a pu courir contre moi, tant que j'ai été fous les liens d'une lettre d'exil.

4°. Enfin, en fuppofant que le délai pour revenir contre ces Arrêts fut expiré, n'y auroit-il pas des moyens pour me faire relever du laps du temps ? Et en tout événement comme on ne peut prefcrire contre la juftice & la vérité, fur-tout dans les queftions 'd'État, que trois Arrêts furpris à la religion du Roi, & les injuftes perfécutions qui les ont fuivis, n'ont pu faire que je ne fois véritablement fils naturel de M. le Comte de Touloufe ; qu'il faut néceffairement pour le maintien des fociété, qu'il y ait des moyens pour revenir contre une erreur & une injuftice fi énormes, effets du defpotifme & de la violence, la honte de la Nation Française ! Ne puis-je pas dans ce cas adreffer mes plaintes aux Repréfentans de cette même Nation devenue libre, & obtenir de leur juftice & de la plénitude du pouvoir qu'ils exercent, un Décret qui déclare ces Arrêts pour non avenus, & me

F

renvoie devant un Tribunal , quel qu'il foit , afin
que je puiffe être jugé comme j'aurois dû l'être,
fi on n'eût étouffé la voix de la nature , de
la raifon , de la juftice & de la loi.

PHILIPPE - AUGUSTE DE SAINTE-FOY.

CONSULTATION.

LE CONSEIL SOUSSIGNÉ qui a vu un Mémoire à confulter, pour PHILIPPE-AUGUSTE DE SAINTE-FOY, ci-devant connu fous le nom de Chevalier ou Comte D'ARCQ, fur les queftions propofées :

ESTIME que les faits ramenés dans le Mémoire paroiffent décififs pour établir que M. de Sainte-Foy eft fils naturel de feu M. le Comte de Touloufe : les preuves de cette filiation ont été fi bien ramenées dans le Mémoire à confulter & dans les différens Mémoires imprimés, qui ont été faits pour la défenfe de M. de Sainte-Foy, qu'il feroit difficile de fe refufer à l'évidence des preuves qui en réfultent en faveur du Confultant.

2°. Dans les principes du Droit, & d'après les modifications que notre Jurifprudence peut y avoir apportées, les enfans naturels, principalement ceux qui font nés *ex foluto & folutá,* ont un droit fur le patrimoine de leur père, pour en obtenir des alimens, ou une fomme

qui puiſſe en tenir lieu & qui ſerve à les ſoutenir
dans le monde ; la fortune de leur père n'eſt
pas la ſeule baſe qui doive ſervir à déterminer
la quotité des ſommes qu'ils ont droit de ré-
clamer, parce qu'il ne leur eſt pas dû une légitime proprement dite, ainſi qu'aux enfans pro-
créées d'un mariage contracté ſuivant la loi ; mais
on a égard cumulativement à la fortune du père,
à l'état qu'il tenoit dans la ſociété, à ſa naiſſance & à l'éducation qui a été donnée à l'enfant.

Lorſqu'un père naturel, riche d'ailleurs, a
deſtiné ſon fils à tenir un état dans le monde,
qu'il l'a fait élever avec une certaine diſtinction,
qu'il a cherché à le pouſſer dans les emplois,
il a contracté par-là une obligation plus forte
& plus étendue que celle que lui impoſoit la
loi de la nature ; il s'eſt tacitement ſoumis à
fournir à ſon fils les moyens de ſe ſoutenir ho-
norablement dans l'état pour lequel il l'avoit deſtiné : cette vérité, qui eſt de tous les temps, a
toujours ſervi de guide à la juriſprudence des
arrêts ſur cette matière.

On expoſe que dès le moment de ſa naiſſance, le Conſultant a été élevé avec les égards
& les diſtinctions dûes à ſa naiſſance ; que du
moment qu'il fut ſevré, M. le Comte de Toulouſe lui établit une maiſon derrière ſon hôtel,

qu'il a foutenue jufqu'à fa mort ; que les Domeftiques qui le fervoient ont toujours été à la
petite livrée de M. le Comte de Touloufe ; que
ce Prince demanda pour lui au feu Roi une
place dans les Moufquetaires ; qu'en l'y faifant
recevoir, il lui fit prendre le nom de Chevalier
d'Arcq, l'une de fes terres.

Tout annonce donc que M. le Comte de
Touloufe n'entendoit pas abondonner au hafard
le fort de fon fils, qu'il vouloit le pouffer dans la
carrière de l'honneur, & lui faire par conféquent un fort digne de fa naiffance & de l'état
dans lequel il l'avoit placé.

Le teftament de M. le Comte de Touloufe,
fait dans un temps où le Confultant étoit encore dans l'enfance, ne lui affure cependant
qu'une penfion viagère de douze mille livres : ce
traitement eft certainement bien au-deffous de ce
qui étoit néceffaire à M. de Sainte-Foy, pour
foutenir fon état en fa qualité de fils naturel
d'un auffi grand Prince, & bien peu proportionné à ce qu'on doit préfumer de ce que M.
le Comte de Touloufe auroit fait pour lui, s'il
n'eût été prévenu par la mort, dans un temps
où le Confultant n'avoit encore que treize ou
quatorze ans. Eft-il, en effet, à préfumer que
M. le Comte de Touloufe eût voulu n'affurer à
fon fils, pour fe foutenir dans la carrière des

armes, dans un âge mûr, qu'une fomme beaucoup inférieure à celle que lui avoit coûté annuellement l'entretien de la maifon qu'il lui avoit
fourni pendant fon bas âge ?

Quoi qu'il en foit de cette confidération, le
traitement de douze mille livres de penfion étoit
infiniment au-deffous des juftes prétentions de
M. de Sainte-Foy ; il n'étoit relatif ni à la haute
naiffance du Prince qui devoit le traitement, ni
à l'étendue de fa fortune, parce que du moment
qu'il avoit fait élever avec diftinction M. de
Sainte-Foy, qu'il l'avoit placé dans le Militaire,
& que fa naiffance diftinguée n'étoit plus un
myftère, il étoit indifpenfable que M. de Sainte-
Foy eût de quoi foutenir les honneurs de fa
naiffance, & que cela n'étoit pas poffible, avec
un revenu fi modique.

3°. Dans ces circonftances, M. de Sainte-
Foy n'auroit pas dû s'attendre à fuccomber dans
la réclamation qu'il avoit formée contre M. le
Duc de Penthièvre, qui a fuccédé à M. le
Comte de Touloufe ; cette réclamation avoit
deux objets, celui d'être reconnu pour fils naturel de M. le Comte de Touloufe, & celui
d'obtenir fur fa fucceffion un traitement qui le
mit en même de foutenir fon état, l'un &
l'autre paroiffoient également bien fondés.

Cependant au moyen d'une évocation de mou-

vement , le procès des Parties a été enlevé au
Parlement de Paris , leur Juge naturel , pour
être porté au Conseil du Roi , & là il a été
rendu un premier Arrêt qui , contre la dispoſi-
tion formelle de l'Ordonnance de 1667 , a privé
M. de Sainte-Foy de l'avantage qu'il ſollicitoit
de faire répondre M. le Duc de Penthièvre ſur
faits & articles ; ce premier Arrêt en a provoqué
un ſecond , rendu par forcluſion , qui a con-
damné toutes les prétentions de M. de Sainte-
Foy , & qui lui a fait défenſes de porter le
nom d'Arcq , que M. le Comte de Touloufe
lui avoit fait prendre lorſqu'il le fit entrer dans
les Mouſquetaires.

Tant que ces Arrêts ſubſiſteront , il n'eſt pas
poſſible que M. de Sainte-Foy puiſſe faire re-
vivre des queſtions ſouverainement jugées ; il doit
donc diriger ſes efforts contre ces Arrêts , en
les attaquant d'après leur irrégularité & leur
injuſtice , en obtenant du Grand Sceau des
lettres de relief du laps du temps.

M. de Sainte-Foy eſt dans une poſition très-
favorable pour les obtenir , puiſque d'abord après
l'Arrêt rendu contre lui ſans défenſe , il reçut
des ordres du Roi qui l'ont exilé à Montauban ,
ordres qui n'ont été révoqués que depuis quelques
mois.

La cauſe de M. de Sainte-Foy paroît ſi juſte

& fi favorable , les Arrêts , au moyen defquels on eft parvenu à étouffer fa réclamation , font fi contraires aux Lois du Royaume & aux principes même de l'ancienne légiflation , qu'il a tout lieu d'efpérer de la juftice de M. le Garde des Sceaux , qu'il lui fera expédier , fans délai , les lettres de la Chancellerie , dont il a befoin pour pouvoir attaquer légalement au Confeil du Roi les Arrêts qui ont été furpris à fa juftice.

Mais fi contre toute attente M. le Garde des Sceaux fe refufoit à la jufte demande de M. de Sainte-Foy , il pourroit fe pourvoir à l'Affemblée Nationale , y dénoncer ce refus & y folliciter un Décret , qui déclarât pour non avenus des Arrêts contraires à toutes les lois, furpris fous l'ombre de la faveur des Miniftres, & pour fupplier le Roi d'indiquer un Tribunal pour juger le procès, ainfi qu'il auroit dû l'être au Parlement de Paris.

DÉLIBÉRÉ à Touloufe , le 14 Septembre 1790.

CROSTLHES.

LAVIGUERIE.

GARY.

MASCART.

A MONTAUBAN,

De l'Imprimerie de VINCENT TEULIERES, Seul Imprimeur du Roi & de la Municipalité. 1790.

www.ingramcontent.com/pod-product-compliance
Lightning Source LLC
LaVergne TN
LVHW022210080426
835511LV00008B/1674